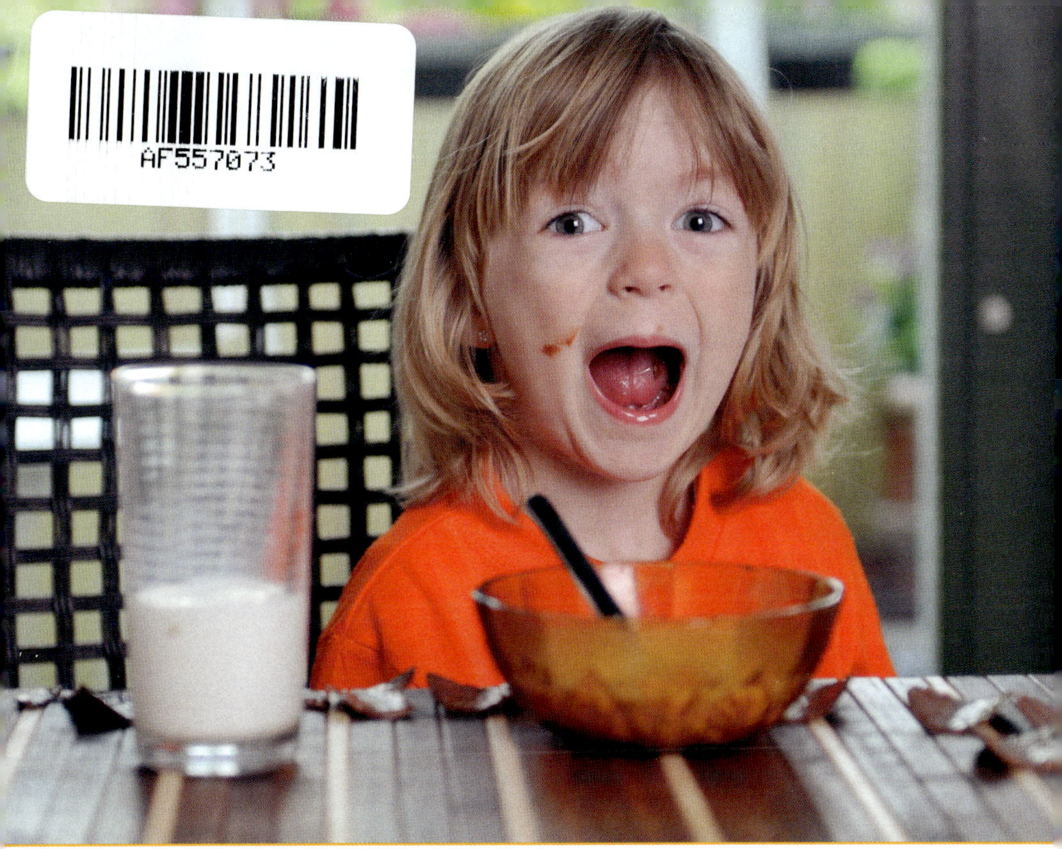

Lea will Müsli.

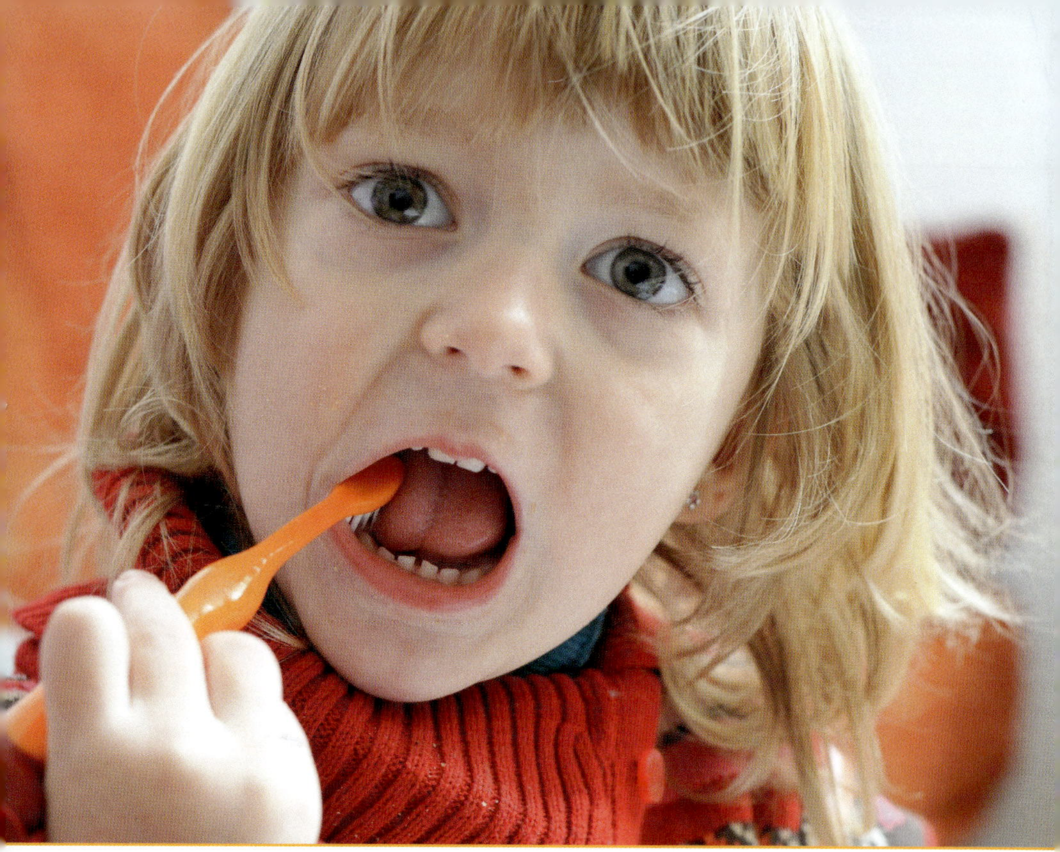

Lea putzt die Zähne.

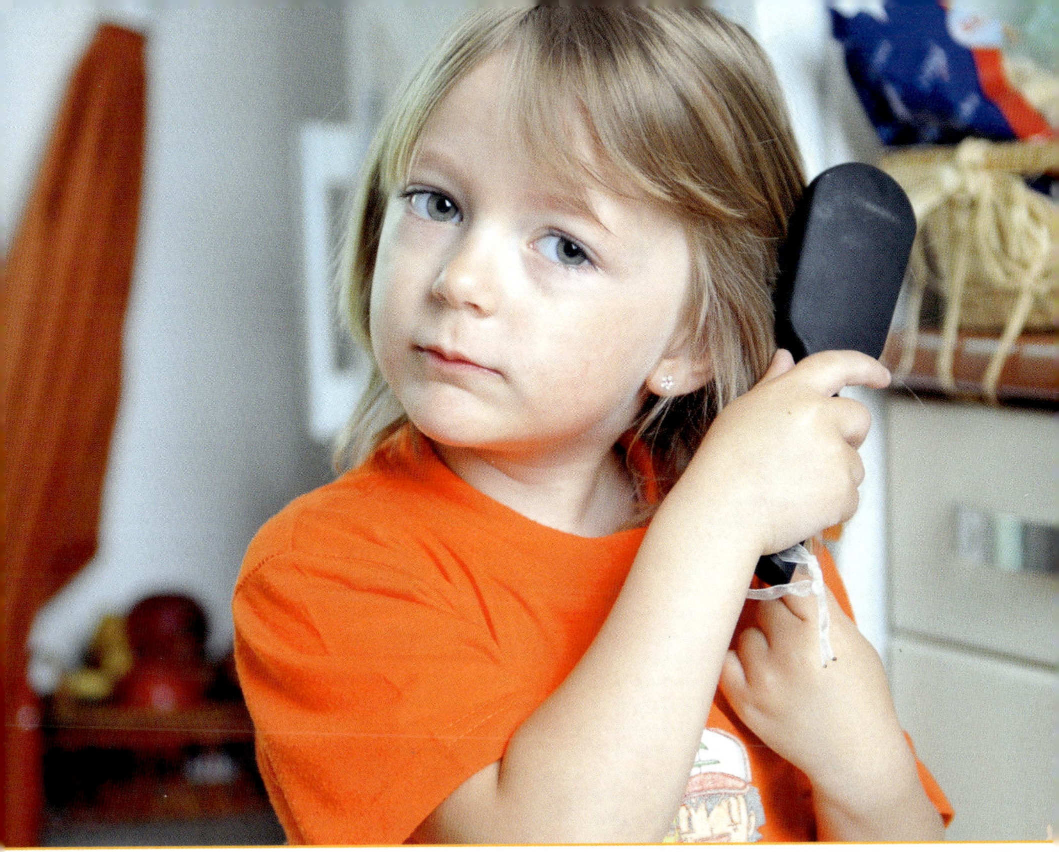

Lea kämmt sich.

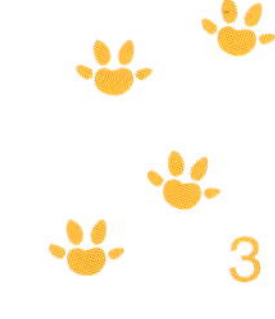

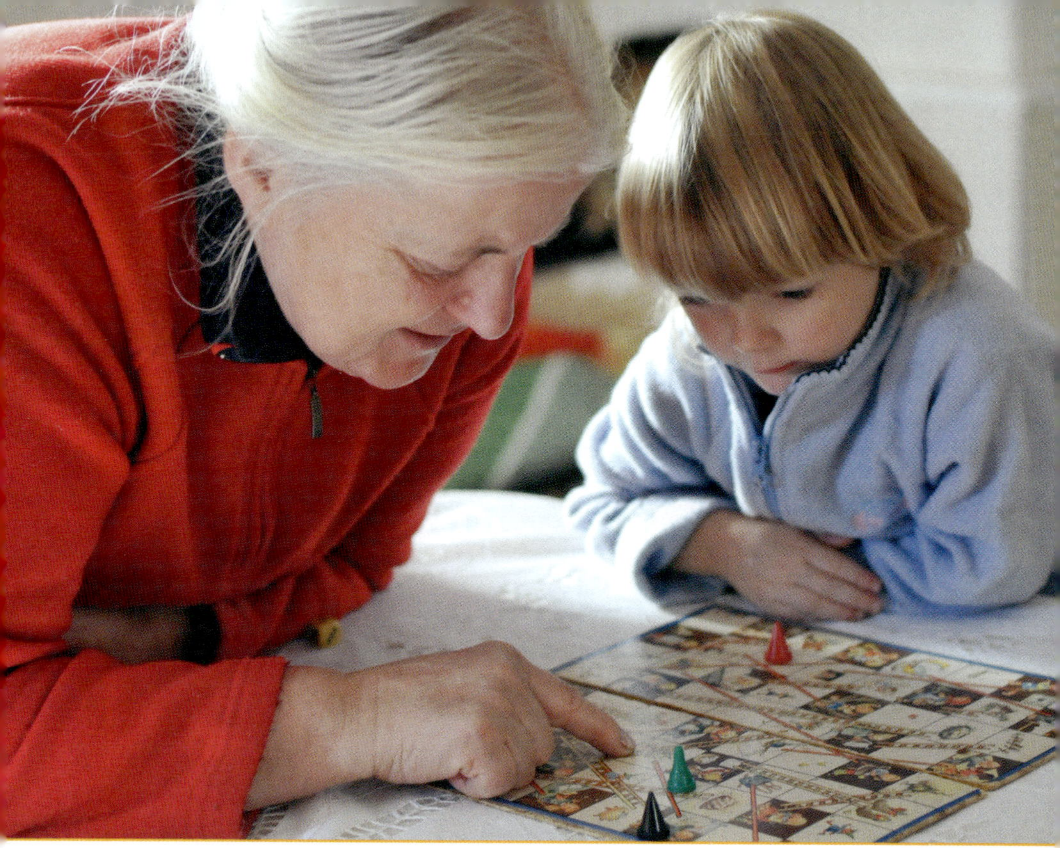

Lea und Oma spielen.

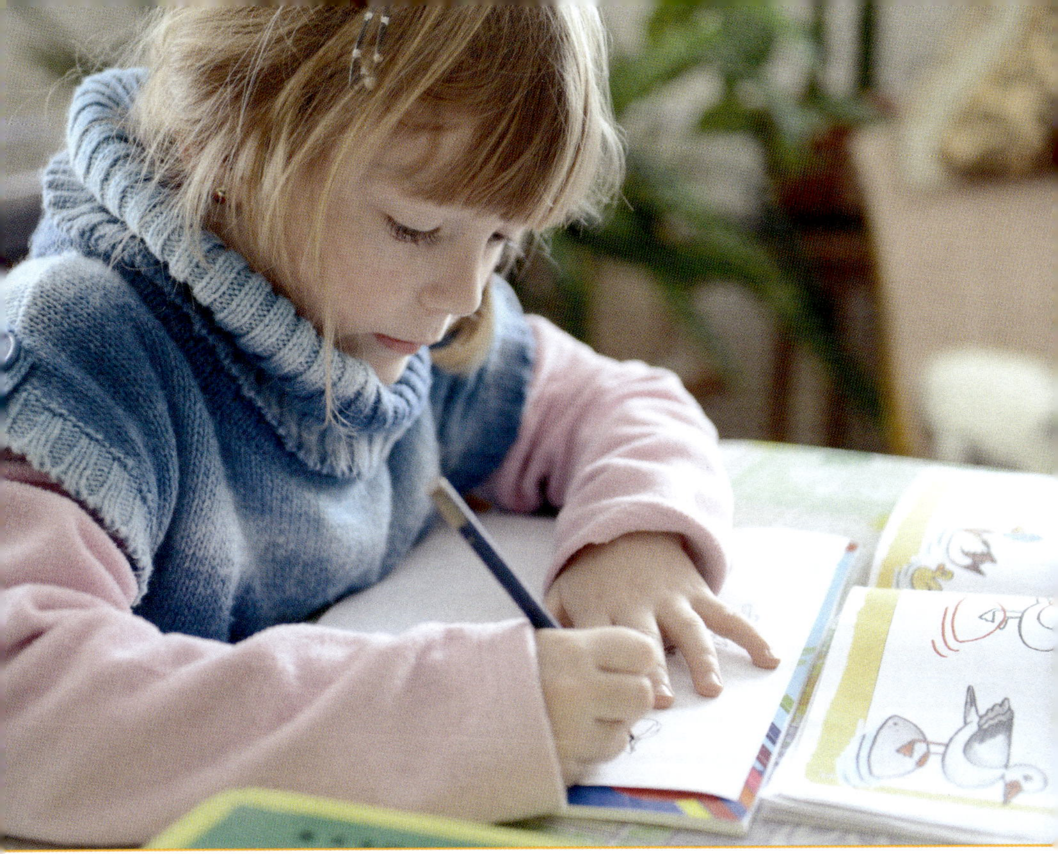

Lea malt.

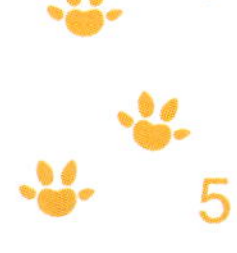

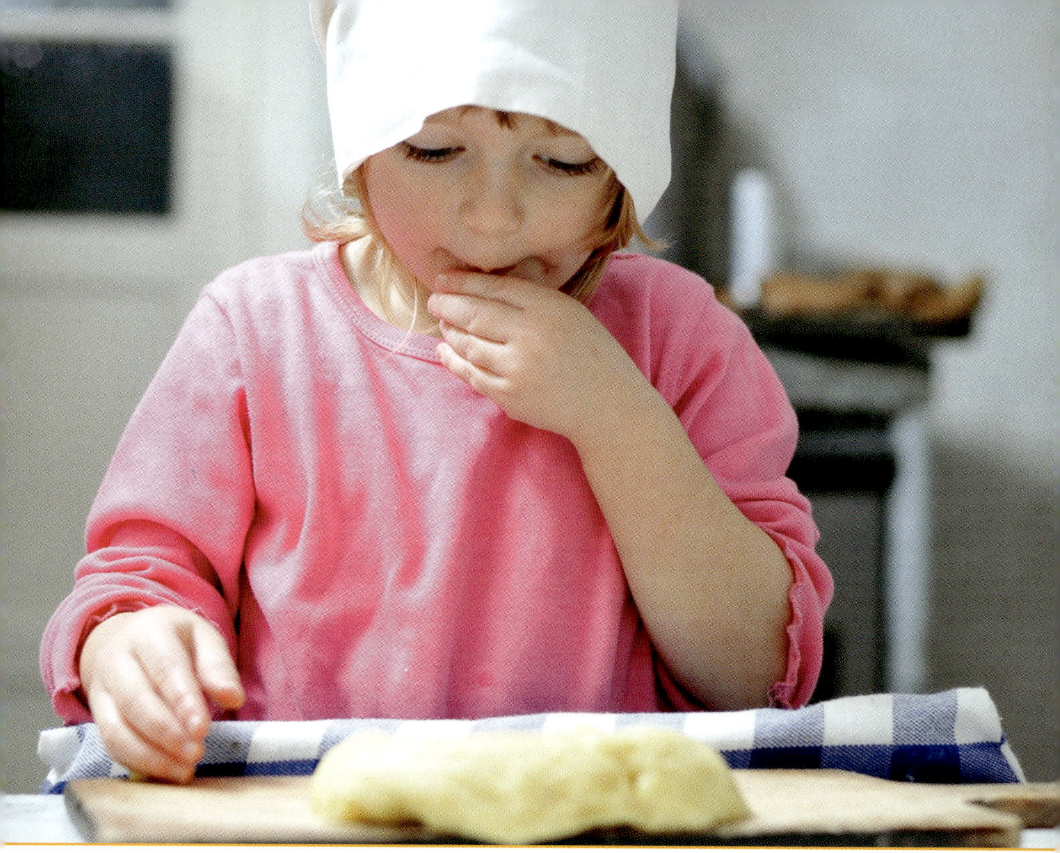

Lea probiert.

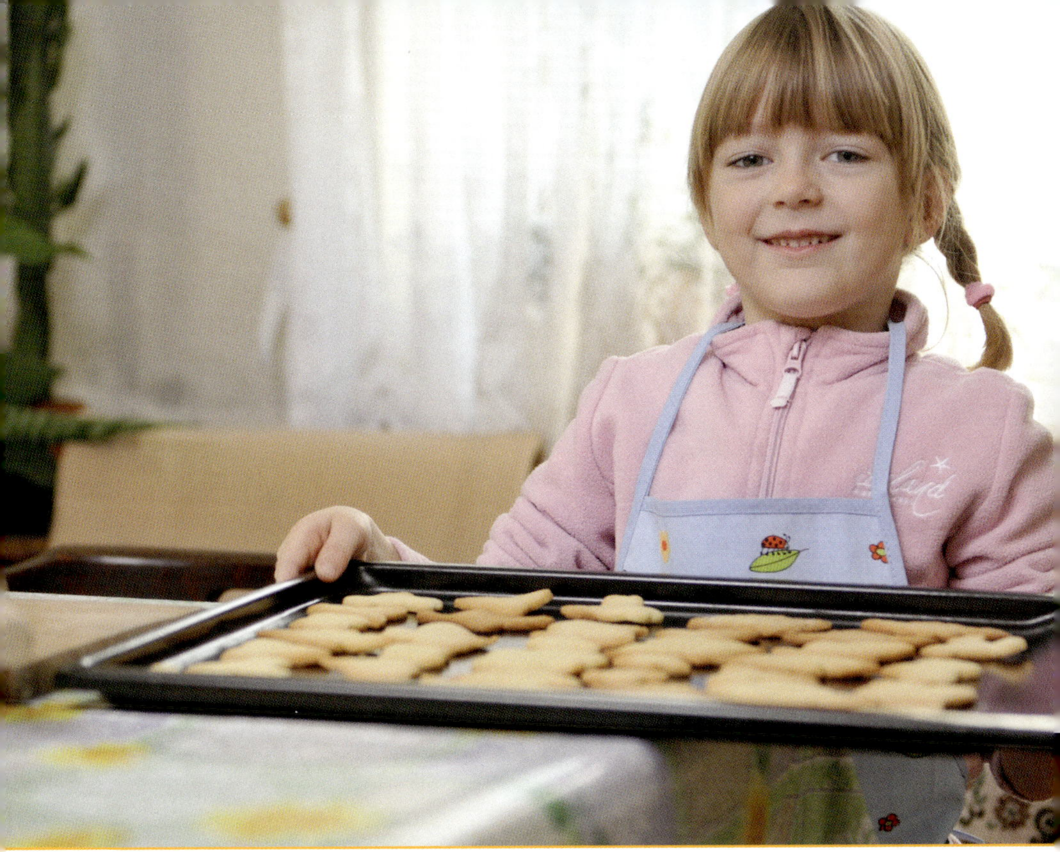

Lea backt Kekse.

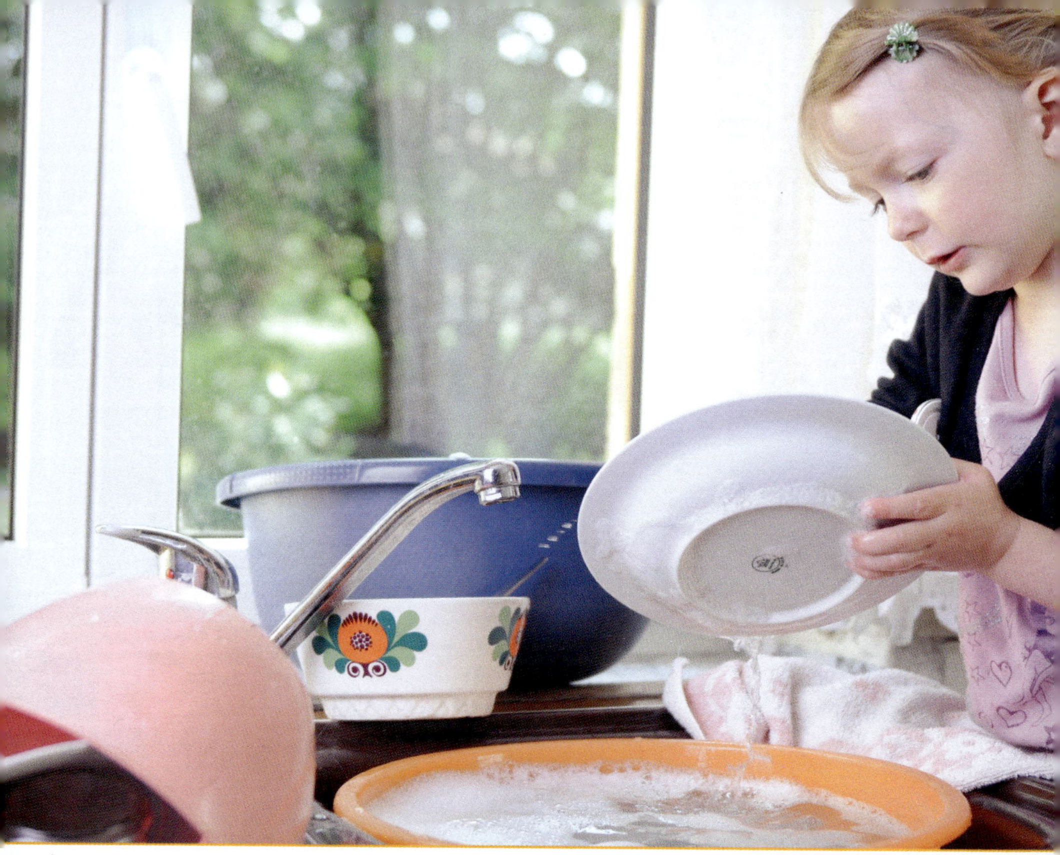

Lea wäscht ab.

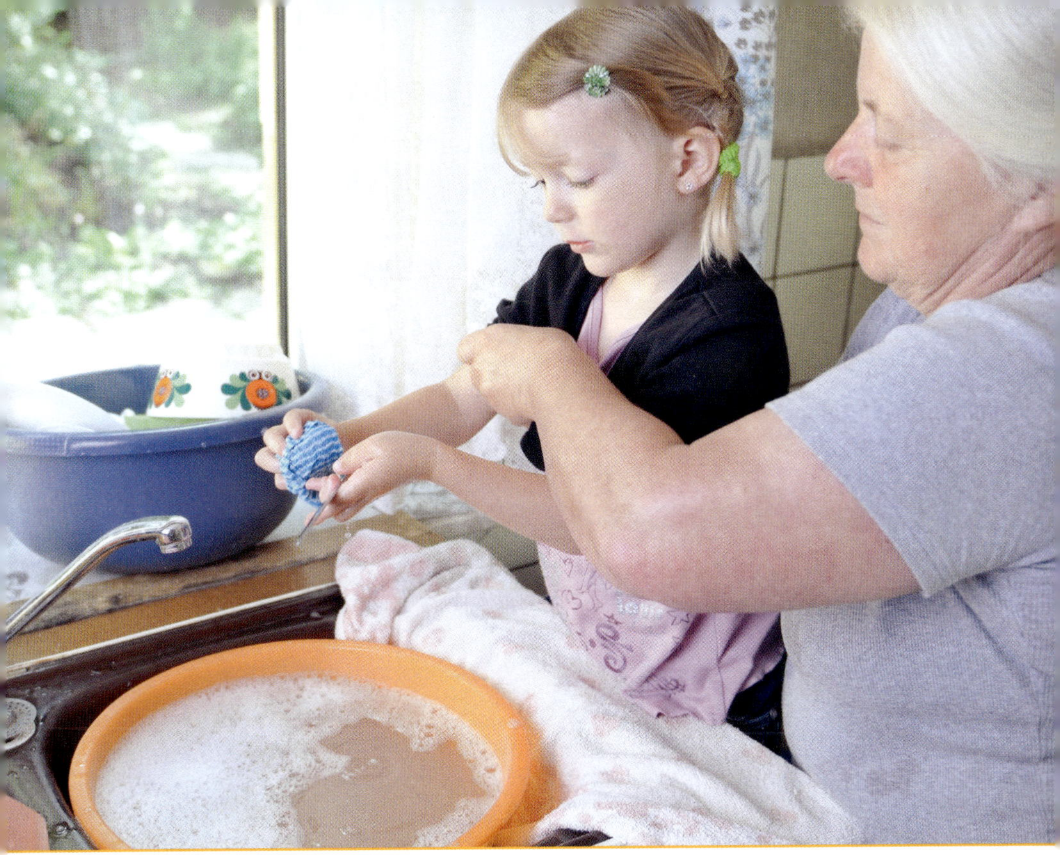

Oma hilft.

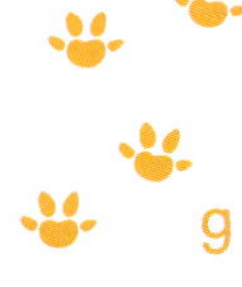

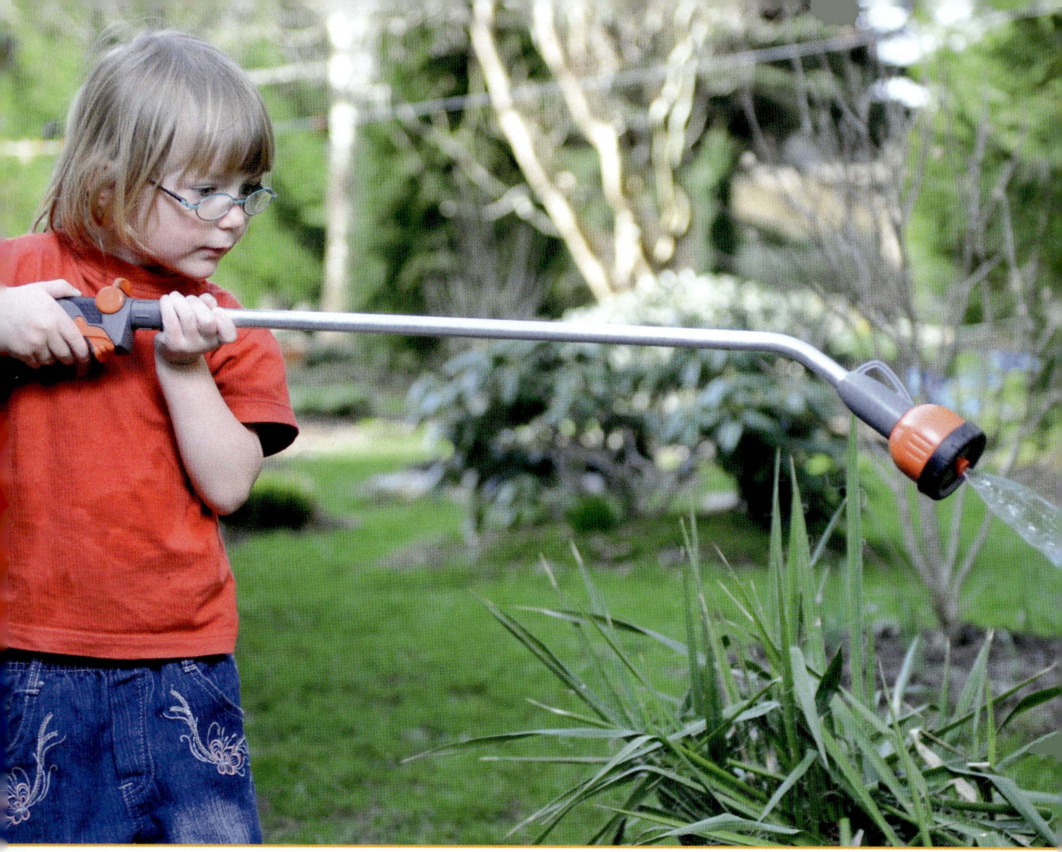

Lea gießt.

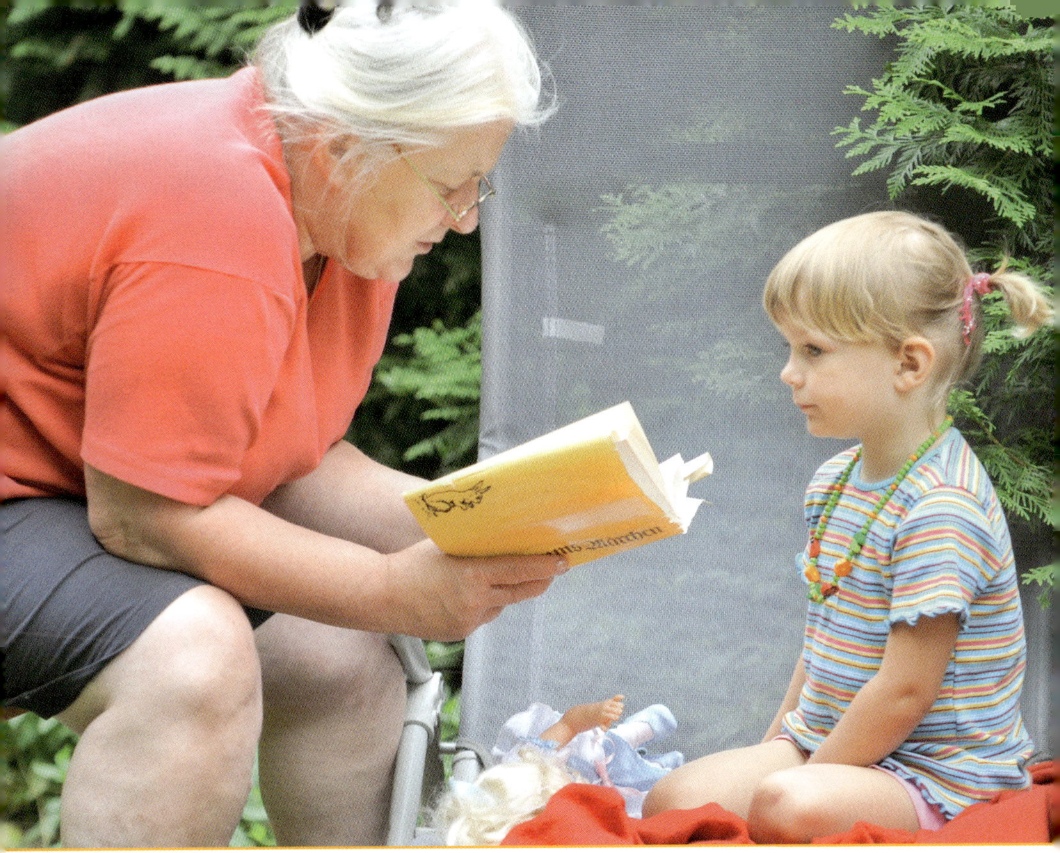

Oma liest vor.

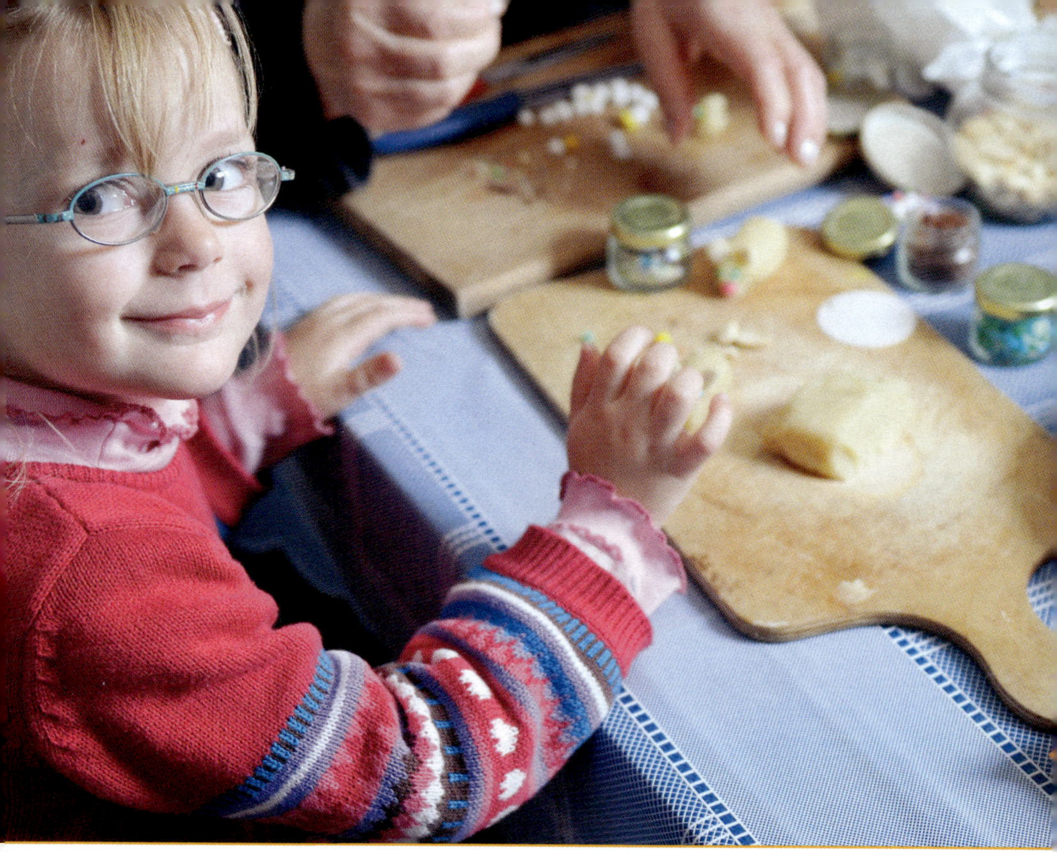

Lea bastelt.

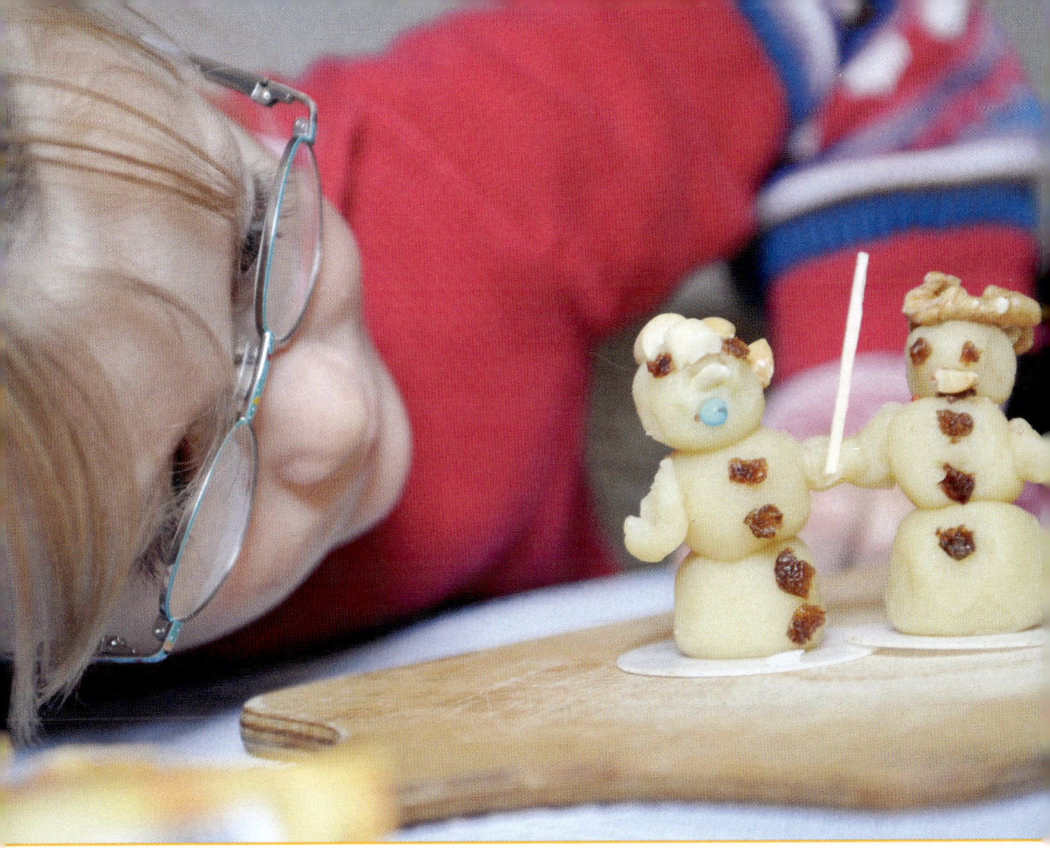

Lea ist stolz.

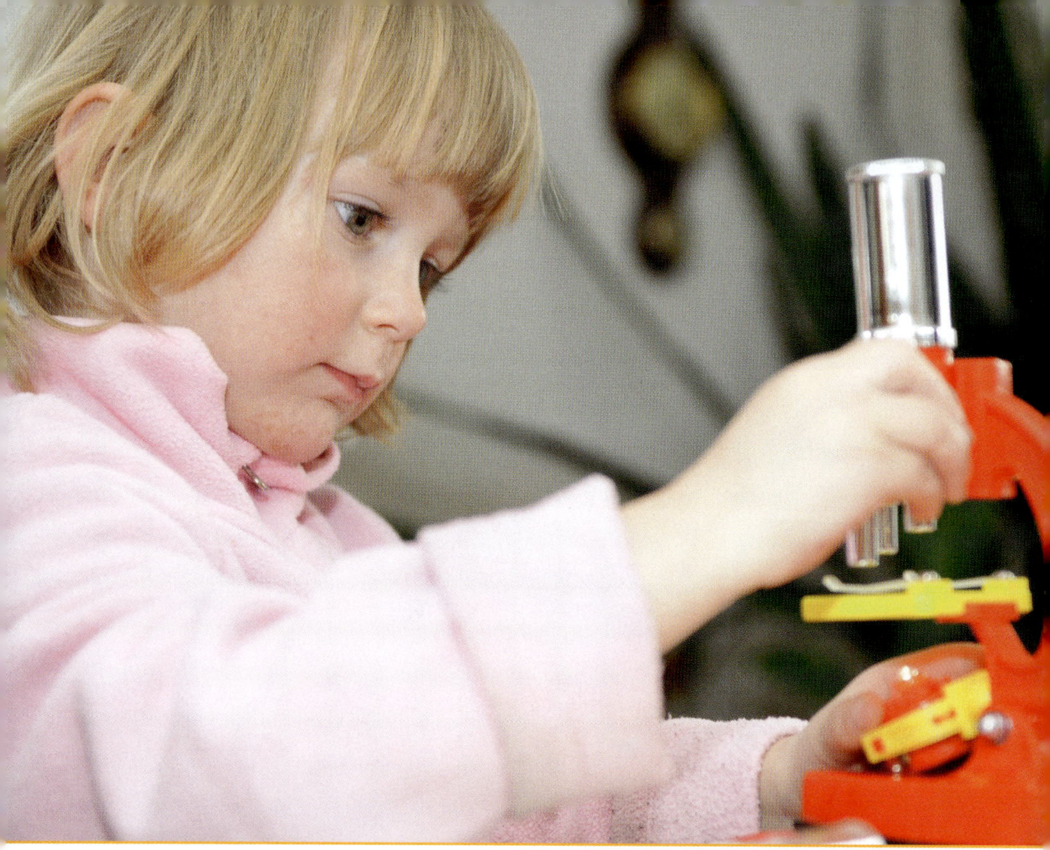

Lea forscht.

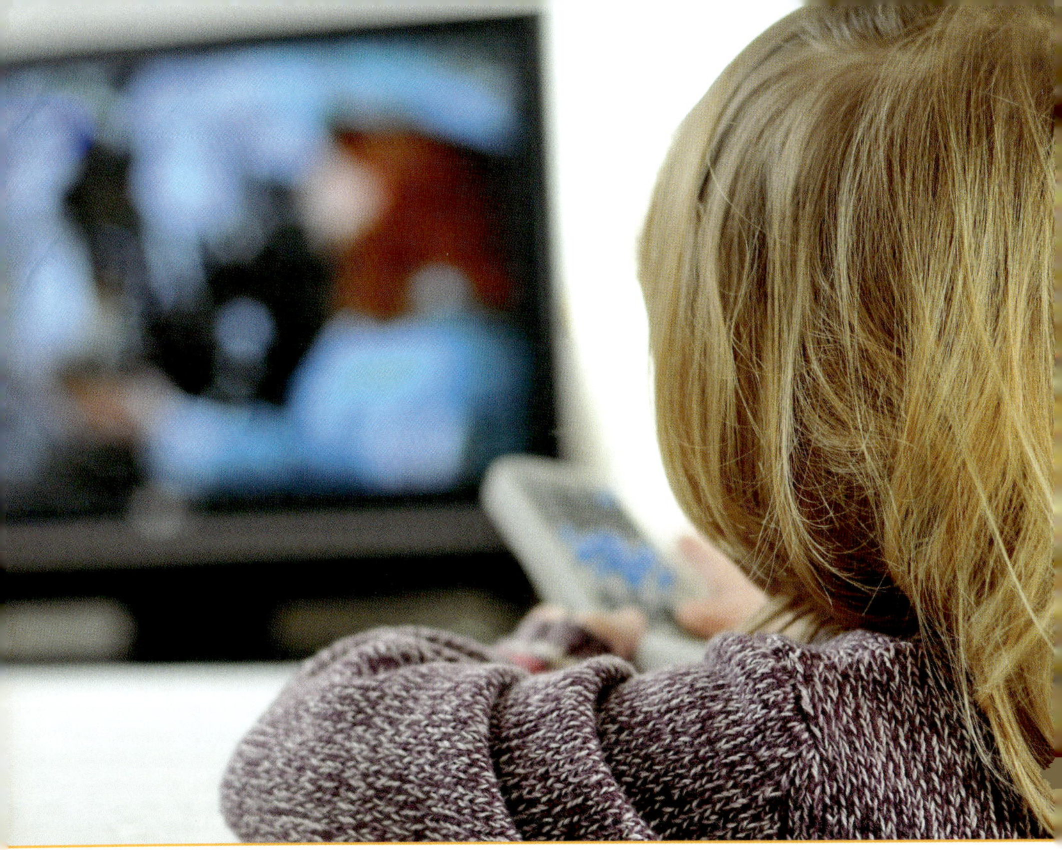

Lea sieht fern.

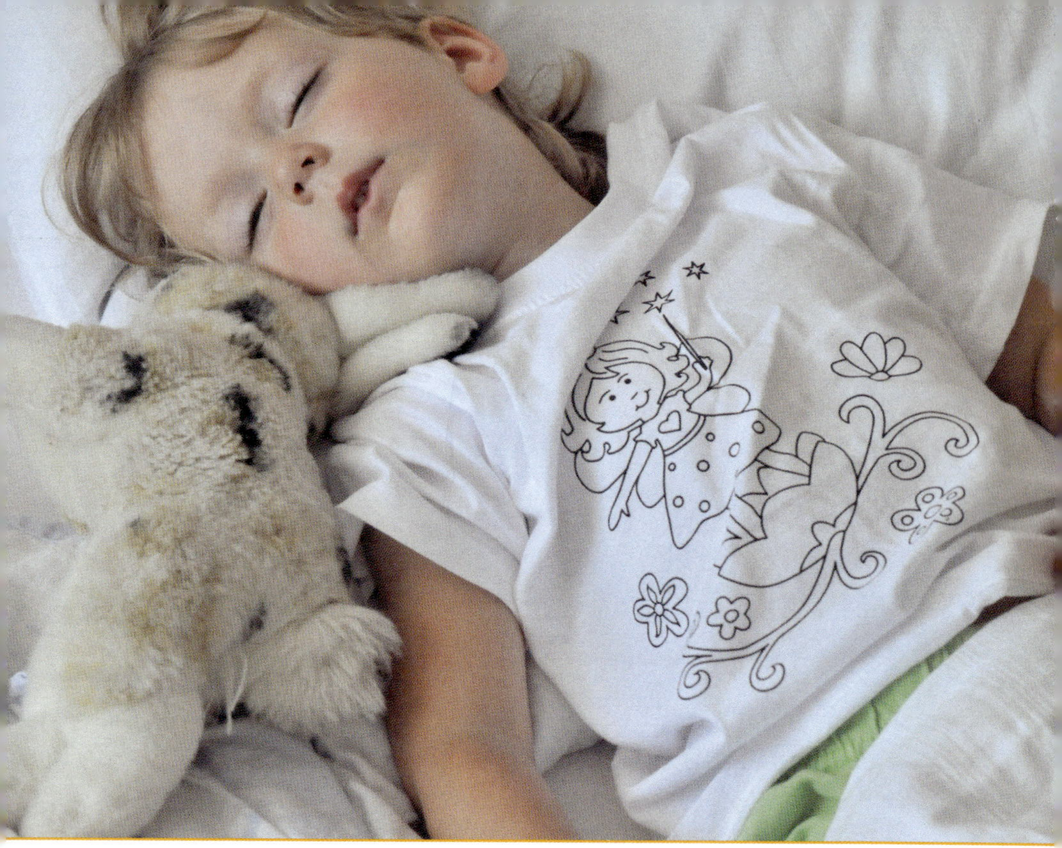

Lea schläft.